Denise Colquhoun

Sieben Tage für ein aufgeräumtes Leben

DENISE COLQUHOUN
Sieben Tage für ein aufgeräumtes Leben

Das kreative Mitmach-Heft

KREUZ

© KREUZ VERLAG
in der Verlag Herder GmbH, Freiburg im Breisgau 2015
Alle Rechte vorbehalten
www.kreuz-verlag.de

Umschlagmotiv: © Max Krasnov/Fotolia
Umschlaggestaltung: agentur IDee

Innengestaltung und Satz: agentur IDee · www.agenturidee.de
Herstellung: Graspo, Zlín

Printed in the Czech Republic

ISBN 978-3-451-61290-9

Inhaltsverzeichnis

Einleitung

Tag 1:
Voller Schrank, aber nichts anzuziehen? Den Kleiderschrank entrümpeln

Tag 2:
Wo die Liebe den Tisch deckt, schmeckt das Essen am besten – die Küche

Tag 3:
Schlafen Sie schön? Endlich Ordnung im Schlafzimmer

Tag 4:
Eine Wohlfühloase für mich – das Badezimmer

Tag 5:
Arbeiten Sie schon oder suchen Sie noch?
Den Schreibtisch und die Unterlagen sortieren

Tag 6:
Herzlich willkommen! Den Eingangsbereich und das Wohnzimmer gestalten

Tag 7:
Klarheit und Leichtigkeit – Entrümpeln Sie Ihren Kopf!

Nachwort

Einleitung

Ein aufgeräumtes Leben in nur sieben Tagen? Wie soll das denn gehen? Vielleicht schütteln Sie den Kopf und halten dieses Mitmach-Heft für eine Mogelpackung. Vielleicht sind Sie aber auch wirklich bereit, Ihr Leben aufzuräumen, und geben mir, dem Heft, und auch Ihnen, der sie ja aktiv werden wollen, eine echte Chance. Und keine Angst: Oft überschätzt man den Zeitaufwand, den man braucht, um wieder mehr Ordnung in die Wohnung und ins eigene Leben zu bringen. Alles eine Frage der Technik! Und genau die können Sie sich mit diesem Mitmach-Heft aneignen.

Ob Sie dieses Buch nun in sieben Tagen am Stück durcharbeiten, weil Sie gerade Urlaub haben, oder ob Sie sich jeden Sonntag ein Kapitel vornehmen und somit etwas länger brauchen, ist ganz egal. Vielleicht ist nach sieben Tagen noch nicht alles perfekt, aber Sie werden sich auf jeden Fall sehr viel freier und leichter fühlen.

„Gebraucht der Zeit,
sie geht so schnell von hinnen,
doch Ordnung lehrt euch Zeit gewinnen."

Johann Wolfgang von Goethe

Bevor es mit unserem Sieben-Tage-Programm losgeht, möchten Sie vielleicht erst einmal wissen, wie schlimm es eigentlich um Ihre Unordnung steht. Dann machen Sie einen kleinen Test. Je mehr Punkte auf Sie zutreffen, umso hilfreicher kann dieses Buch für Sie sein:

Checkliste – Meine liebe Ordnung

◯ Es gibt keinen Schrank, keinen Regalplatz, auf dem nichts steht.

◯ Sämtliche waagerechten Flächen sind dekoriert.

◯ Eigentlich ist die Wohnung viel zu klein.

◯ Fensterbretter sind vollgestellt.

◯ An jedem Fenster hängt Dekoration.

◯ An jeder Wand hängen Bilder, Poster, Spiegel.

◯ Der Staubsauger findet nur unter erschwerten Bedingungen einen Weg, weil zu viel auf dem Boden steht oder liegt.

◯ Der Kühlschrank hängt voll mit Bildern, Fotos, Notizen.

◯ Wichtige Unterlagen sind unauffindbar.

◯ Zu Hause komme ich nicht zur Ruhe.

◯ Ich kriege Panik, wenn sich Besuch ankündigt.

◯ Weil ich den alten nicht mehr finde, habe ich einen neuen Hammer gekauft.

○ Ständig suche ich nach dem Haustürschlüssel.

○ Wenn ich die Bürste suche, finde ich den Hammer im Badezimmer.

Erkennen Sie sich in vielen dieser Aussagen wieder? Dann sind Sie hier genau richtig – herzlich willkommen bei Ihrem Sieben-Tage-Einsatzprogramm für mehr Leichtigkeit und Ordnung in Ihrem Leben!

Was bedeutet Ordnung?

❗ Ordnung herrscht, wenn jeder Gegenstand seinen Platz hat und an eben diesen zurückgebracht wird, wenn er benutzt wurde.

❗ Wir halten unsere Umgebung ordentlich, um den Überblick zu behalten und um nicht ständig etwas suchen zu müssen.

❗ In geordneten Räumen fällt es uns leichter, Energie zu tanken und zu entspannen.

Für Ordnung im Haus gibt es aber keine klaren Vorgaben. Ob nun etwas alphabetisch oder nach Farbe sortiert wird, das tut nichts zur Sache. Jeder muss und darf seine eigene Ordnung finden. Allerdings verringert die Beseitigung von überflüssigem Kram deutlich die Arbeit, die Sie im Haushalt haben. Je weniger rumsteht, desto weniger muss verschoben, abgestaubt oder repariert werden.

> **TIPP:** Wer Ordnung haben möchte, muss also auch bereit sein, sich von Sachen zu trennen. Um schön zu wohnen, müssen Sie Ihr Zuhause als Erstes entrümpeln, denn Gerümpel ist ein großer Energieräuber.

Entrümpeln und Ausmisten ist also das eigentliche Geheimnis einer ordentlichen Umgebung. Wer weniger hat, hat es gleich viel ordentlicher und kann sich über das, was er hat, viel mehr freuen! Vieles, was wir besitzen, hat seinen Zweck schon lange erfüllt und nimmt nur noch kostbaren Platz in Anspruch. Platz, den man für wichtigere Dinge gebrauchen kann. Für Dinge, die wir wirklich benutzen oder die uns glücklich machen.

Behalten ist immer einfacher als Wegwerfen. Doch wenn Sie sich in Ihrem Zuhause wohlfühlen, wird viel positive Energie freigesetzt.

Also: Trauen Sie sich, die Dinge loszulassen, auch wenn es Ihnen vielleicht sehr schwerfällt.

„Nur durch Mut kann man Ordnung in sein Leben bringen."

Marquis de Vauvenargues

Ich fordere Sie aber natürlich nicht dazu auf, einen Container zu bestellen und alles aus dem Fenster zu schmeißen. Dieses Buch soll Sie dazu inspirieren, einen neuen Blick auf Ihr Zuhause zu werfen. Es soll Sie anregen, auf Überflüssiges zu verzichten und sich an den Dingen zu erfreuen, die Ihnen wirklich wichtig sind. Behalten Sie nur, was schön und nützlich ist – so schaffen Sie sich Ruhe und Entspannung in Ihrer Umgebung. Fangen Sie an, sich von Dingen zu befreien, die Sie nicht brauchen, und ordnen Sie Ihre Lebensbereiche.

Mein Aufräumtagebuch

Was hat mich dazu veranlasst, dieses Buch zu kaufen?

In welchem Raum fühle ich mich wohl und warum?

>>

Wo liegen meine Ordnungs-Problemzonen?

Welcher Bereich macht mich unglücklich?

In welchem Raum fühle ich mich unwohl und warum?

Diese Schubladen, Schränke, Räume sollen am Ende der sieben Tage ordentlich sein:

Sind Sie bereit, Ordnung in Ihr Haus zu lassen?

Kreuzen Sie an, welche der folgenden Punkte für Sie persönlich am wichtigsten sind:

Checkliste – Was Ordnung für mich bedeutet

- ○ Ordnung befreit und macht glücklich.
- ○ Ordnung schafft Platz, den ich eigentlich brauche.
- ○ Ordnung garantiert Entspannung.
- ○ Ordnung tut nicht nur der Seele gut, sondern auch den Augen.
- ○ Ordnung schont die Nerven.
- ○ Ordnung erleichtert mein Leben, weil ich weniger suchen muss.

Vorbereitung

Bevor Sie loslegen können, stellen Sie sich vier Kisten bereit (Einkaufskörbe, Klappboxen oder große Verpackungen, irgendetwas werden Sie sicher finden). Damit klären wir gleich die Frage: Wohin mit dem aussortierten Krempel?

❗ In die **erste Kiste** wandert alles, was defekt oder angeschlagen ist. Diese Sachen kommen ausschließlich in den Müll.

❗ In die **zweite Kiste** legen Sie alles, was verkauft oder verschenkt werden kann. Verschenken oder verkaufen Sie es zeitnah! Zwängen Sie aber niemandem Ihre aussortierten Sachen auf und verschwenden Sie auch keine wertvolle Zeit damit, Ramsch verkaufen zu wollen. Es gibt einfach Sachen, die niemand mehr haben möchte und die in der ersten Kiste viel besser aufgehoben wären.

❗ In die **dritte Kiste** kommen die Sachen, die repariert oder ausgebessert werden müssen. Am besten legen Sie diese Sachen in Ihr Auto oder in den Fahrradkorb, damit Sie es nicht vergessen.

❗ In der **vierten Kiste** können Sie fremdes Eigentum sammeln. Ein Buch, eine Schüssel, eine Jacke – erstaunlich, wie viel sich in unserem Zuhause versteckt, das gar nicht uns gehört! Lassen Sie diese Sachen möglichst bald abholen oder bringen Sie sie den rechtmäßigen Besitzern zurück.

Was Sie zur Vorbereitung **nicht** tun müssen: neue Kisten, Behälter, Regale oder Sonstiges kaufen. Sie können problemlos nur mit den jetzt zur Verfügung stehenden Mitteln Ordnung schaffen! Schließlich geht es gerade darum, sich von Dingen zu befreien, und nicht darum, noch mehr anzusammeln.

Auch ganz wichtig: Schaffen Sie nur Ordnung in Ihren Bereichen! Alles, was dem Partner, den Kindern oder Mitbewohnern gehört, muss tabu sein. Aber seien Sie sich sicher: Das neue Wohngefühl wird ansteckend ein.

> **TIPP:** Nun haben Sie sich optimal auf Ihr Sieben-Tage-Programm vorbereitet – es kann also losgehen!

Voller Schrank, aber nichts anzuziehen? Den Kleiderschrank entrümpeln

Den Kleiderschrank auszumisten und zu sortieren ist immer ein guter Anfang und das Ergebnis kann unglaublich zufriedenstellend sein. Weit mehr als die Hälfte aller Kleidungsstücke, die wir besitzen, nutzen wir nicht. Man spricht hier auch von der 80-20-Regel: In 80 Prozent der Zeit tragen wir 20 Prozent unserer Kleidung, während die übrigen 80 Prozent sinnlos herumhängender Ballast sind. Diese 80 Prozent bestehen aus Spontankäufen, farblich falsch ausgewählten Teilen oder Sachen, die einfach nicht mehr passen.

Glauben Sie nicht? Dann fangen Sie gleich mal mit dem Aussortieren an! Sortieren Sie Fach für Fach, Schublade für Schublade nach folgenden Kriterien: *behalten, verschenken, reparieren oder ab in den Container.* Dabei sollten Sie ehrlich zu sich selbst sein. Was brauchen Sie wirklich?

Trennen Sie sich heute rigoros von allem, was

- ❗ Flecken hat, die nicht mehr rausgehen,
- ❗ eine Ausbesserung benötigt,
- ❗ abgetragen ist.

Verkaufen oder verschenken können Sie alles, was

❗ nicht die richtige Farbe oder den richtigen Schnitt hat,

❗ seit einem Jahr nicht mehr getragen wurde,

❗ Ihnen nicht steht oder passt,

❗ nicht mehr modern ist,

❗ unbequem ist.

Behalten Sie nur die Teile, die

❗ HEUTE passen (nicht mit drei Kilo weniger, nicht letztes Jahr – heute!),

❗ sauber, unbeschädigt und in einem guten Zustand sind,

❗ im Laufe des letzten Jahres getragen wurden,

❗ Ihnen stehen und in denen Sie sich gut fühlen.

Wenn Sie fertig sind, wischen Sie den Schrank aus und räumen dann die übrig gebliebenen Sachen wieder ein. Dabei ist es wichtig, die Kleidungsstücke zu gruppieren. Egal, ob nach der Art des Kleidungsstücks oder nach Anlass – Hauptsache, es hat für Sie ein erkennbares System.

Wenn der Kleiderschrank nur Sachen beinhaltet, die gut sitzen und schön sind – echte Lieblingsstücke also –, dann kann man morgens herausholen, was man will, und man fühlt sich den ganzen Tag lang damit wohl. Sagen Sie Adieu zu kneifenden Hosen und freuen Sie sich auf echte Wohlfühltage! Gleiches gilt natürlich auch für Schuhe. Trennen Sie sich von denen, die unbequem oder nicht mehr zu reparieren sind.

Ein Kleiderschrank zum Wohlfühlen

Diese Anregungen können auf Dauer zu einem schönen und sinnvollen Schrankinhalt führen:

- Einkaufsliste schreiben: Kaufen Sie nur die Dinge, die auf der Einkaufsliste stehen. So kommen Sie nicht mit Schuhen nach Hause, obwohl Sie gerade auf der Suche nach einer neuen Jacke waren.

- Qualität statt Quantität: Lieber eine perfekt sitzende Hose als drei, die nicht wirklich passen, dafür aber billig waren.

- Nicht zur Freizeitbeschäftigung oder Belohnung einkaufen gehen.

- Bei JEDEM Teil gut überlegen: Passt es wirklich zu mir? Entspricht es meinem Geschmack? Oder versuche ich mit diesem Teil irgendwas darzustellen, das ich gar nicht bin?

Durchsichtige Plastikboxen mit Deckel, die zudem stapelbar sind, eignen sich hervorragend für Sommer- oder Wintersachen, die aktuell nicht benötigt werden. So können sie auch im Keller oder auf dem Dachboden bis zum nächsten Einsatz aufbewahrt werden. Bitte nichts aufbewahren, was bereits in der letzten Saison nicht mehr getragen wurde.

Sollten Sie anschließend Platz in Ihrem Kleiderschrank haben, dann genießen Sie diese Leere! Wir kommen in zwei Tagen wieder hierhin zurück, dann kann dieser Platz sehr nützlich sein.

Mein Aufräumtagebuch

Das habe ich heute aussortiert:

Diese Sachen kann ich verkaufen:

Diese Sachen möchte ich verschenken:

Von diesen Sachen kann ich mich heute noch nicht trennen:

Diese Teile müssten ausgebessert werden:

Sich von Dingen zu lösen kann eine ungeheure Wirkung haben, denn Entrümpeln schafft nicht nur Ordnung in der Wohnung, sondern auch im Kopf!

Wo die Liebe den Tisch deckt, schmeckt das Essen am besten – die Küche

Ordnung hat nichts damit zu tun, wie viel Platz oder Geld man zur Verfügung hat! Nicht bei jedem, der ein großes Haus hat, ist es gleichzeitig auch ordentlich. Anders herum ist nicht jede „kleine Bude" automatisch unordentlich.

Selbstverständlich ist es schön, wenn man gerade in der Küche viel Platz hat. Das Kochen macht gleich mehr Spaß, wenn man alles mit wenigen Handgriffen erreichen kann – und man nicht erst nach dem Schneebesen suchen muss, während auf dem Herd der Topf überkocht! Dabei kommt es aber nicht unbedingt auf die Größe der Küche an. Auch, wer nicht über unzählige Schubladen verfügt, kann sich strukturiert einrichten. Aussortieren ist dabei immer der erste Weg, um mehr Platz zu haben. Danach wirkt der Raum größer, aufgeräumter und scheint viel mehr Möglichkeiten zu haben.

> **MORGENIMPULS:** Überlegen Sie heute, während Sie das Frühstück zubereiten, was in Ihrer Küche optimiert werden könnte. Brauchen Sie nur wenige Handgriffe, um den Frühstückstisch zu decken, oder machen Sie unnötige Wege? Während Sie Ihren Kaffee oder Tee trinken, schauen Sie sich ganz bewusst in Ihrer Küche um: Was gefällt Ihnen? Und was stört Sie schon lange?
> Mit diesen Eindrücken und Überlegungen im Kopf können Sie sich dann ans Aufräumen machen.

Ordnung im Küchenschrank

Wenn Sie eine schöne Küche haben wollen, fangen Sie am besten mit den Schränken an. Jede Schublade wird ausgeleert, ausgewischt und anschließend wohlüberlegt befüllt.

Trennen Sie sich heute rigoros von allem, was

- längst abgelaufen,
- defekt,
- ungenutzt ist.

Verkaufen oder verschenken Sie

- alles, was doppelt vorhanden ist,
- Küchenutensilien, die nie genutzt werden.

Behalten Sie nur die Teile, die Sie

- wirklich brauchen,
- täglich benutzen,
- lieben.

Es gibt keine richtige oder falsche Ordnung, wenn Sie Ihre Schränke wieder einräumen. Ordnung im Schrank ist dann richtig, wenn es sich für Sie gut anfühlt. Wichtig ist nur, dass nicht alles kreuz und quer verteilt, sondern sinnvoll gruppiert ist.

Große Sachen kommen nach unten, vieles kann ineinandergestapelt werden. Gläser, Becher und Tassen sollten ebenso einen gemeinsamen Ort finden wie sämtliche Backzutaten oder Nudeln und Reis.

> **TIPP:** Bei verderblichen Sachen gilt die Regel „First in – first out": Neue Einkäufe immer nach hinten sortieren, damit man die vorhandenen Lebensmittel zuerst verbraucht.

Ordnung halten ist die wichtigste Regel, um ein Zimmer größer wirken zu lassen. Jeder herumliegende Gegenstand wird als Störfaktor wahrgenommen und lässt den Raum optisch schrumpfen. Die Arbeitsfläche sollte möglichst freigeräumt bleiben, ebenso wie der Bereich oben auf dem Schrank. Alles, was dort steht, wirkt unruhig, denn der Blick wird immer hierhergelenkt.

Tricks und Tipps für die Küchenordnung

In einer gut eingeräumten Küche hat man die wichtigen Dinge immer griffbereit. Die weniger wichtigen Dinge sollten in die Schubladen und Schränke sortiert werden. Was ewig nicht benutzt wurde, sollte nicht nur den Raum, sondern gleich die Wohnung verlassen. Vielleicht findet sich ein glücklicher Abnehmer für den Eierkocher, der noch nie zum Einsatz gekommen ist? Wenn Sie sich heute noch nicht davon trennen können, lagern Sie ihn wenigstens im Abstellraum, im Keller oder in der Garage und entscheiden Sie beim nächsten Mal. Vielleicht fällt es Ihnen dann etwas leichter.

Gewöhnen Sie sich außerdem an, die Küche jeden Abend aufzuräumen (gegebenenfalls können Sie das natürlich auch mit Ihren Mitbewohnern oder Familienmitgliedern vereinbaren und sich abwechseln). Es macht keinen Spaß, morgens vor dem Frühstück erst einmal die eingetrockneten Töpfe vom Vorabend spülen zu müssen.

Checkliste – Punkte, die ich in meiner Küche heute endlich erledigen möchte:

○ Die Sammlung von Einkaufstüten reduzieren.

○ Alles wegräumen, das oben auf dem Schrank steht (und sicher staubig ist).

○ Leergut und Altglas in große Beutel packen, um sie in den Flur zu stellen (beim nächsten Einkauf nicht vergessen!).

○ Allen Müll wegbringen.

○ Den Boden freiräumen.

○ Mindesthaltbarkeitsdatum bei Konserven und angebrochenen Packungen überprüfen.

○ Den Kühlschrank leerräumen, auswischen und neu sortieren.

○ Die Tiefkühltruhe abtauen und den Inhalt überprüfen.

○ Tee und Gewürze sortieren.

○ Jede Schublade einmal leerräumen, auswischen und überprüfen, ob der Inhalt zusammenpasst.

TIPP: Gönnen Sie sich eine Kruschtschublade! Hier können Sie alle Sachen sammeln, die herumliegen, noch keinen festen Bestimmungsort haben oder zu keiner Gruppe passen.

Abschied vom Zettelchaos

Wer sagt denn, dass nur ein Arbeitszimmer Ordner haben darf? Befreien Sie doch den Kühlschrank einmal von sämtlichen Zetteln, Notizen, Fotos und Postkarten und sammeln Sie solche Sachen lieber in Klarsichtfolien in einem Ordner.

Wer den Überblick behalten möchte, sammelt in diesem Ordner:

❗ wichtige Telefonnummern,

❗ Stundenpläne,

❗ Einladungen,

❗ Gutscheine,

❗ Quittungen (für einen eventuellen Umtausch),

❗ Eintrittskarten,

❗ Wunschzettel der Kinder,

❗ …

Auch Rezepte, die Sie zum Beispiel von einer Freundin abgeschrieben oder aus dem Internet ausgedruckt haben, dürfen einen solchen eigenen Ordner bekommen. Vielleicht möchten Sie diesen schön gestalten? So entsteht nach und nach Ihre ganz persönliche Sammlung mit Lieblingsrezepten.

Mein Aufräumtagebuch

Diese Küchengeräte benutze ich kaum oder gar nicht:

Diese Dinge habe ich doppelt:

Diese Dinge habe ich geschenkt bekommen/geerbt – und mag sie eigentlich nicht:

„Wer wenig bedarf, kommt nicht in die Lage,
auf vieles verzichten zu müssen."

Plutarch

Schlafen Sie schön? Endlich Ordnung im Schlafzimmer

Wir verbringen ein Drittel unseres Lebens im Bett. Und doch wird das Schlafzimmer in vielen Fällen vernachlässigt. Sollte dieser Raum eigentlich ein Ort der Ruhe und Entspannung sein, gleicht er oft eher einer Abstellkammer und erinnert an die unerledigte Bügelwäsche, anstatt uns wohlig in das Land der Träume zu schicken. Alles, was sich auf den Schränken und Kommoden, unter dem Bett und hinter der Tür versteckt, sollte daher auf seinen Sinn und Nutzen geprüft werden.

- Was befindet sich in den Kisten auf dem Schrank? Können Sie den Inhalt halbieren und dafür Platz im Kleiderschrank finden? Versuchen Sie in Zukunft zu vermeiden, Sachen auf dem Schrank zu lagern.

- In der Ecke verstauben die Tüten mit den Gästedecken. Haben Sie vielleicht eine schöne Korbtruhe, in der diese Sachen besser aufbewahrt werden können und so viel hübscher aussehen?

- Was bewahren Sie unter dem Bett auf? Brauchen Sie das wirklich?

- Wenn es sich nicht vermeiden lässt, Dinge wie das Bügelbrett im Schlafzimmer zu verstauen, nutzen sie Nischen und bringen einen Vorhang an.

- Sortieren Sie Ihre Bettwäsche. Behalten Sie nur die drei wirklich schönen Sets und schaffen Sie so neuen Platz im Schrank für wichtigere Sachen!

- Schaffen Sie die muffige Schmutzwäsche aus dem Zimmer. Stellen Sie den Wäschekorb lieber in das Badezimmer.

MORGENIMPULS: Wenn Sie heute aufwachen, nehmen Sie sich ein bisschen Zeit und springen Sie nicht gleich aus dem Bett. Räkeln Sie sich und schauen Sie sich in Ihrem Schlafzimmer um. Was sehen Sie?
Einen schönen Kerzenständer, ein entspannendes Bild oder den Wäscheberg der letzten Woche? Verstaubt in der Ecke ein Heimtrainer und macht Ihnen gleich ein schlechtes Gewissen oder gibt Ihnen Ihr Schlafzimmer ein Gefühl der Sinnlichkeit und Behaglichkeit?

Notieren Sie nach dem Aufstehen, was Ihnen gefällt und was Sie ändern möchten. Sprechen Sie gegebenenfalls mit Ihrem Partner darüber und vereinbaren Sie, was Sie gemeinsam sich wünschen und was Sie angehen möchten.

Das liebe ich an meinem Schlafzimmer:

Das möchte ich heute ändern:

Sie selbst sollten es sich wert sein, aus Ihrem Schlafzimmer eine Wohlfühloase zu zaubern. Erziehungsratgeber neben und Familienfotos über dem Bett – all diese Dinge sind nicht förderlich, wenn es in Ihrem Schlafzimmer noch ein bisschen knistern soll! Schöne Bettwäsche und ein paar Kerzen hingegen lassen den Tag schön ausklingen. Machen Sie jeden Morgen Ihr Bett und freuen Sie sich, nach einem langen Tag in ein schönes Schlafzimmer zu kommen.

„Wie man sich bettet, so liegt man."

Deutsches Sprichwort

Mein Aufräumtagebuch

Für diese Dinge in meinem Schlafzimmer habe ich einen besseren Platz gefunden:

Für diese Dinge muss ich noch einen besseren Platz finden:

Auf diese Dinge kann ich verzichten:

Diese Ideen habe ich, um mein Schlafzimmer behaglicher und sinnlicher zu gestalten:

Nachhaltigkeit und Konsum

An dieser Stelle möchte ich Sie mit auf einen kurzen Exkurs nehmen – denn die Frage, was wir wirklich brauchen und wie wir leben wollen, hat immer auch mit Fragen der Nachhaltigkeit und des bewussten Konsums zu tun. Wenn Sie aussortierte Sachen in einen Karton legen, um sie weiterzugeben oder zu verkaufen, und diesen dann doch wieder wochenlang im Schlafzimmer oder Keller stehen lassen, ist niemandem geholfen. Auch der Umwelt nicht. Der Umwelt können Sie allerdings dann helfen, wenn Sie bei der nächsten Anschaffung gründlich überlegen, ob dafür tatsächlich Platz in Ihrem Haus ist.

> **TIPP:** Je schwerer es Ihnen fällt, sich von Dingen zu trennen, desto vorsichtiger müssen Sie beim Einkaufen sein.

Sämtliche Gegenstände, die Sie besitzen, sollten entweder emotional wertvoll oder praktisch sein. An diese Regel sollten Sie sich halten, wenn Sie in Zukunft etwas kaufen. Wir kaufen viel zu oft Sachen, die wir nicht wirklich brauchen oder lieben, für die kein Platz vorhanden ist und die als Gerümpel in irgendeiner Ecke enden. Diese Art von Konsum schadet uns allen – und nicht zuletzt Ihnen, denn Sie müssen mit der Unordnung in Ihrer Wohnung leben. Wenn Sie dagegen auf einen bestimmten Gegenstand verzichten, dann ersparen Sie sich zu einem späteren Zeitpunkt die Entscheidung, was Sie eigentlich damit machen wollten.

Falls Sie erkannt haben, dass Sie sich mit Ihren Käufen belohnen, sich etwas gutes tun wollen, überlegen Sie sich für die Zukunft eine Alternative. Gehen Sie lieber mit einem lieben Menschen Kaffee trinken, in die Sauna oder gucken Sie sich einen schönen Film an. Einkaufen als Ersatzbefriedigung macht auf Dauer nicht glücklich.

Um zu vermeiden, dass unüberlegter Konsum in Ihrem Zuhause Unordnung verursacht, überlegen Sie in Zukunft:

- Brauche ich das wirklich?

- Erleichtert es mein Leben? Wenn der Gebrauchsgegenstand Ihr Leben erleichtert und bereichert, dann hat er einen Sinn. Wenn die Handhabung, Reinigung und Aufbewahrung Zeit und Nerven kostet, dann erschwert es Ihr Leben nur unnötig.

- Würde es mich wirklich glücklich machen, diesen Gegenstand zu kaufen?

- Habe ich Platz dafür?

- Kenne ich vielleicht jemanden, der mir genau dieses Teil für eine begrenzte Zeit ausleihen kann?

- Was würde passieren, wenn ich dieses Teil nicht kaufe?

„Dinge, die wir besitzen,
bewahren selten den Zauber,
den sie hatten, als wir sie erstrebten."

Plinius der Ältere

Eine Wohlfühloase für mich – das Badezimmer

Genießen Sie es auch, in die Sauna oder ins Thermalbad zu gehen und sich dabei ganz bewusst Zeit für sich und den eigenen Körper zu nehmen? Dazu muss man aber nicht gleich in ein teures Wellnesshotel einchecken – diesen Luxus kann man auch zu Hause im eigenen Bad erleben. Das geht aber natürlich nur, wenn das Badezimmer ein Ort ist, der zum Entspannen und Wohlfühlen einlädt, und kein lieblos gestalteter Raum, in dem der Blick zuallererst auf fast leere Cremetuben und einen vertrockneten Farn fällt. Das Bad als reiner „Funktionsraum" ist leider oft ein vernachlässigtes Stiefkind in der Wohnung. Dabei kann es zur echten Oase werden, in der man entspannen und genießen kann. Der erste Schritt dazu ist eine vernünftige Ordnung.

Ablagen entrümpeln

Räumen Sie ausnahmslos alles, was auf der Ablage steht und sich in den Schränken befindet, in einen Wäschekorb. Sobald alles sauber ist, können Sie Ihren Besitz überprüfen und nur das einsortieren, was Sie auch tatsächlich benutzen. Je weniger rumsteht, desto schneller sind Sie zukünftig mit dem Putzen fertig.

- Brauchen sie tatsächlich 20 Parfumflakons?

- Sie haben einen Vorrat an Handtüchern, der für eine Fußballmannschaft reicht, die Familie besteht aber nur aus vier Personen? Sortieren Sie die ältesten aus.

- Werfen Sie einen Blick auf Ihre Medikamente und deren Verfallsdatum.

- Zahnbürsten sind nicht sonderlich dekorativ, müssen aber oft griffbereit sein, sodass sie wenigstens einen hübschen Porzellanbecher verdient haben.

- Bewahren Sie Ihre Schminkutensilien in einer schönen Kosmetiktasche auf.

- Werfen Sie kleine Proben aus Hotels oder Zeitschriften entweder in den Müll oder stecken Sie sie in die Reisetasche und benutzen Sie sie tatsächlich.

- Schreiben Sie auch für den Drogeriemarkt eine Einkaufsliste.

- Wenn Sie sich einen neuen Nagellack gekauft haben, finden Sie garantiert einen, der dafür weg kann, weil er entweder fast leer oder vertrocknet ist.

- Ein Kramkorb für kleine Sachen kann ein guter Ordnungshüter sein.

- Immer den Klodeckel schließen.

Sollte Ihr Badezimmer anschließend nicht wirklich ordentlicher aussehen, weil Sie noch jede Menge halb volle Shampooflaschen oder Putzmittel haben, dann denken Sie mal über eine „Konsumruhe" nach. Versuchen Sie vier, sechs oder acht Wochen keinen Drogeriemarkt zu betreten und die Dinge aufzubrauchen, die Sie haben. Die beste Methode, um hier den Überblick zu behalten: ein Teil in Gebrauch – eins auf Vorrat. Überlegen Sie auch bei Angeboten: Wie viel ist wirklich sinnvoll für mich? Kaufen Sie nur das, was Sie wirklich brauchen!

Es gibt keine richtige und keine falsche Ordnung! Aber je weniger auf einer Ablage steht, desto schneller ist man mit dem Putzen fertig.

Mein Aufräumtagebuch

Das habe ich heute in meinem Badezimmer geschafft:

Diese Artikel muss ich erst mal nicht neu kaufen:

Planlos?

Der vierte Tag Ihres Aufräumeinsatzes ist ein guter Zeitpunkt, um Bilanz zu ziehen. Bestimmt haben Sie schon einiges geschafft, gleichzeitig haben Sie vielleicht aber auch festgestellt, was noch vor Ihnen liegt – oder Sie machen sich Sorgen, dass Ihre Arbeit in der nächsten Woche schon wieder durch das übliche Alltagschaos zunichtegemacht wird. Dann kann es helfen, mit einem Plan zu arbeiten, den Sie problemlos selbst erstellen können. Nehmen Sie sich einen großen Zettel oder ein hübsches Buch und notieren Sie die Punkte, die Sie in der nächsten Woche erledigen wollen – zum Beispiel die Betten beziehen, die Badezimmerfenster putzen oder den Staubsaugerbeutel auswechseln.

Sobald Sie einen der Punkte erledigt haben, notieren Sie das Datum daneben. Wenn Sie etwas nicht geschafft haben, wandert es mit in die nächste Woche und somit auf den nächsten Zettel oder die nächste Seite in Ihrem Notizbuch. So können Sie Ihr persönliches Erfolgstagebuch schreiben. Sie sehen, was Sie alles geschafft und wann Sie was zuletzt erledigt haben. Notieren Sie auch die Bereiche, die Sie mithilfe dieses Buches bereits geschafft haben. Das motiviert für alle weiteren Bereiche. Sie können auch bereits festhalten, wann Sie die nächste große Aufräum-Runde einlegen möchten. Denn dass Sie weitermachen ist doch klar, oder?

Sie wollen Ihre Kinder in die täglichen Aufgaben mit einbeziehen? Auch hier können Sie auf spielerische Art und Weise mit einem Wochenplan arbeiten. Passende Aufgaben gibt es für jede Altersklasse und das eigene Kinderzimmer aufzuräumen sollte auf jeden Fall dazugehören. Basteln Sie ein kleines Heft und vergeben Sie bei Erfüllung kleine Stempel oder Aufkleber. Belohnen Sie mit gemeinsamen Aktivitäten am Wochen- oder Monatsende. So lernen Kinder Verantwortung zu übernehmen. Machen Sie sich aber klar, dass Sie immer als Vorbildfunktion dienen.

Checkliste – Mein Plan für die nächste Woche

◯ Montag:

◯ Dienstag:

◯ Mittwoch:

◯ Donnerstag:

◯ Freitag:

◯ Samstag:

◯ Sonntag:

Arbeiten Sie schon oder suchen Sie noch? Den Schreibtisch und die Unterlagen sortieren

Nicht jeder hat ein eigenes Büro zu Hause, doch jeder von uns kämpft mit einer täglichen Papierflut: viele wichtige Dokumente und noch viel mehr unwichtige Unterlagen. Den Papierkram kann man langweilig finden – aber er wird auf jeden Fall sehr viel weniger mühsam, wenn man ihn mit System und einer sinnvollen Ordnung angeht. Das gilt natürlich vor allem für die Menschen, die von zu Hause aus arbeiten.

Schaffen Sie sich einen Bereich, der klar von Ihren „Wohlfühlräumen" (zum Beispiel Wohn- und Schlafzimmer) abgegrenzt ist. So fällt es Ihnen leichter, sich dort auch wirklich auf die Arbeit oder den Papierkram zu konzentrieren – und hinterher auch wieder abzuschalten.

> **TIPP:** Wer auf dem Sofa liegend einen Blick auf den Ordner für die nächste Steuererklärung hat, wird sich nicht richtig entspannen können.

Wenn Sie einen geeigneten Platz in der Wohnung gefunden haben, stellen Sie dort für die Zukunft einen einzigen Posteingangskorb auf. Wird dieser einmal pro Woche konsequent geleert, behalten Sie einen besseren Überblick, als wenn Sie Ihre Post überall verteilt liegen lassen. Wenn Werbung, Prospekte und Umschläge von eingehender Post sofort in den Papiermüll wandern, ist das ein guter Anfang. Durch den Rest sollten Sie sich jetzt und danach in regelmäßigen Abständen blättern.

Geordnete Ordner

Um Ordnung in Ihre Unterlagen zu bekommen, brauchen Sie kein ausgeklügeltes Sortiersystem, keine perfekten Ordner oder irgendwelche teuren PC-Programme. Fangen Sie einfach an und nehmen Sie den ersten Ordner in die Hand – das reicht vollkommen.

- Versuchen Sie heute, den Inhalt von zwei Ordnern auf nur einen zu reduzieren. Alte Rechnungen, Verträge und Policen, Unterlagen aus dem Kindergarten (obwohl das Kind schon in der Schule ist) – so vieles kann einfach weg.

- Unterlagen, die Sie regelmäßig benötigen, sollten griffbereit sein. Ordner, die länger als drei Monate nicht gebraucht wurden, können woanders verstaut oder sogar ausgelagert werden.

- In Ihren Unterlagen sammeln sich Gebrauchsanweisungen und Garantiescheine? Sammeln Sie alle diese Sachen in Klarsichtfolie in nur einem einzigen Ordner. Sortieren Sie aber vorher die Gebrauchsanweisungen von den Geräten aus, die Sie gar nicht mehr besitzen.

- Räumen Sie danach ihren Arbeitsplatz leer, putzen Sie den Tisch ab und stellen Sie nur wieder hin, was Sie täglich benutzen. Wie viele Stifte, Kugelschreiber und Bleistifte benötigen Sie tatsächlich? Benutzen Sie nicht sowieso immer ein und denselben?

❗ Wenn Sie sich nicht sicher sind, wie lange welche Unterlagen aufbewahrt werden müssen, werfen Sie einen Blick ins Internet. Dort finden Sie alle wichtigen Angaben.

Klare Strukturen lassen Raum für Kreativität

Gehören Sie zu den Menschen, die ein kreatives Chaos auf dem Schreibtisch beherrschen und trotzdem hervorragende Arbeit abliefern? Herzlichen Glückwunsch! Das können nicht viele! Solange sich das Chaos auf Ihren eigenen Bereich konzentriert und nicht auf die Bereiche anderer überschwappt, ist dagegen auch nichts einzuwenden. Aber Sie sollten bedenken, dass ein voller Schreibtisch nicht unbedingt zeigt, wie wichtig oder produktiv Sie sind. Das Gegenteil ist der Fall: Ein voller Schreibtisch ist unproduktiv und die Papier- und Aktenberge beeinträchtigen die Konzentrationsfähigkeit.

Seien Sie ehrlich: Wie oft haben Sie wichtige Unterlagen nicht finden können, haben Rechnungen nicht bezahlt oder konnten Termine nicht einhalten?

Termine, Aufgaben und Rechnungen, die Sie nicht im Blick haben, kosten unnötige Energie, da sie uns auch unbewusst beschäftigen. Papierberge lenken einen nur ab und erinnern daran, was noch alles zu erledigen ist. Einen wirklichen Überblick kann man in so einem Zustand nicht haben. Dadurch entsteht Stress und noch mehr Chaos.

Nur die Unterlagen, an denen Sie aktuell arbeiten, sollten vor Ihnen liegen. Alles andere sollte auf einem Regal oder in einer Schublade liegen. Auch eine Wiedervorlagemappe kann helfen, Ordnung am Arbeitslatz zu schaffen. Räumen Sie möglichst jeden Abend Ihren Arbeitsplatz auf. So vermeiden Sie, dass neue Stapel entstehen.

Mein Aufräumtagebuch

Das habe ich heute geschafft:

Diesen Ordner werde ich beim nächsten Mal sortieren:

So sieht mein Arbeitsplatz jetzt aus:

„Den Reichtum eines Menschen misst man an den Dingen, die er entbehren kann, ohne seine gute Laune zu verlieren."

Henry David Thoreau

Herzlich willkommen! Den Eingangsbereich und das Wohnzimmer gestalten

In deutschen Wohnungen ist Unordnung im Eingangsbereich ein häufig anzutreffendes Phänomen. Der Flur wird meist als Stauraum für Staubsauger, Putzzeug und Schrubber genutzt oder als eine Art Lager und Abstellraum für Bücher, Getränkekisten oder Ähnliches. Ist es nicht schade, dass gerade diese Dinge uns und unsere Gäste begrüßen, wenn wir zur Tür hereinkommen? Lassen Sie nicht zu, dass Unordnung und Gerümpel Ihnen die Freude an Ihrer schönen Wohnung nehmen!

Ist in der Wohnung zu wenig Stauraum vorhanden und muss der Flur als Lager für diverse Haushaltsgegenstände und Geräte herhalten, dann sollten alle Dinge wenigstens in Schränke einsortiert oder hinter einem Vorhang versteckt werden. Werden Sie erfinderisch! Verschieben Sie Ihre Möbel, probieren Sie mal was anderes aus oder fragen Sie eine Freundin um Rat. Manchmal sieht man den Wald vor lauter Bäumen nicht und kommt von alleine nicht auf die einfachsten Ideen.

MORGENIMPULS: Gehen Sie heute eine Runde spazieren, bevor Sie sich an die Arbeit machen. Wenn Sie wieder zurückkommen und Ihre Wohnung betreten, betrachten Sie Ihr Zuhause mit den Augen eines Fremden.

- Worauf fällt Ihr Blick zuerst?
- Wie fühlt es sich an?
- Was entdecken Sie?
- Was stört Sie?

Wäre es nicht schöner, wenn der Eingangsbereich klar strukturiert wäre? Wenn er nicht mit zu vielen Möbeln, Gerümpel oder Schuhen vollgestellt wäre? Überlegen Sie, welche unschönen Elemente Sie aus dem Flur entfernen oder verstecken können. Wenn Ihnen das gelingt, haben Sie Platz für einen kleinen „Willkommensgruß", an dem Sie sich jeden Abend, wenn Sie nach einem langen Arbeitstag nach Hause kommen, erfreuen können: zum Beispiel eine besondere Vase, ein Lieblingsbild oder der schöne alte Kerzenständer, den Sie geerbt haben.

> **TIPP:** Sie haben keinen Platz für einen Schrank im Flur? Kleiderhaken an der Tür für Jacken und ein schmales, schlichtes Schuhregal sind Alternativen, die schnelle Ordnung schaffen.

Das Wohnzimmer

Das Wohnzimmer ist einer der vielfältigsten Räume der Wohnung. Hier trifft sich die Familie, hier sitzt man mit Freunden zusammen oder entspannt sich nach einem langen Arbeitstag auf dem Sofa. Umso wichtiger ist es, dass dieser Raum eine gewisse Klarheit und Struktur hat, damit man sich in all diesen unterschiedlichen Wohnsituationen wohlfühlen kann. Hier einige allgemeine Tipps für die Ordnung im Wohnzimmer:

- Gruppieren Sie Ihre Sachen. Wer Dinge aus derselben Gruppe zusammen aufbewahrt, hat einen besseren Überblick über das, was da ist.

- Halbieren Sie den Nippes – das wird automatisch den Putzaufwand halbieren.

- Räumen Sie Ihren Tisch leer – der ganze Raum wird gleich viel aufgeräumter wirken.

❗ Sortieren Sie Ihre Bücher, CDs und DVDs.

❗ Halbieren Sie die Anzahl Ihrer Bücher, CDs oder DVDs.

Sie sammeln etwas? Wie wertvoll ist diese Sammlung tatsächlich für Sie? Sammeln entzieht den Gegenständen ihren ursprünglichen Nutzen, macht sie zu Dingen, die um ihrer selbst willen bewahrt, gepflegt und geschätzt werden. Zeichnet sich Ihre Sammlung durch eine innere Ordnung aus oder handelt es sich um eine Scheinsammlung? Um eine gewohnheitsmäßige Anhäufung von Gegenständen, die genauso gut aufgelöst werden kann? Stellen Sie Ihre Sammelstücke zusammen und denken Sie über diese Fragen nach.

Mein neues Wohnzimmer

Stellen Sie sich vor, Sie müssten nächsten Monat umziehen. Wie würden Sie sich Ihr neues Wohnzimmer wünschen? Würde es sich lohnen, das 20-bändige Lexikon einzupacken? Oder das 60-teilige Kaffeeservice von der verstorbenen Großtante?

Würde es sich lohnen, Kartons mit Dingen vollzupacken, die im neuen Heim im Keller landen und Jahre später immer noch dort stehen würden?

Wäre jetzt nicht ein guter Zeitpunkt, sich von all diesem Krempel zu verabschieden?

Ändern Sie Ihr Haus, dann ändert sich auch Ihr Leben!

Bücher sind ein sensibles Thema – die wenigsten Menschen trennen sich gern von ihnen. Natürlich können Sie jedes Jahr ein Bücherregal dazukaufen und alle drei Jahre in eine größere Wohnung ziehen. Das ist aber keine Lösung für Ihr Problem. Viel günstiger, platzsparender und nervenschonender ist es, seine Bücher regelmäßig auszumisten. Sortieren Sie die Bücher aus, die Sie

❗ nicht mögen,

❗ nicht noch einmal lesen werden

❗ und keinem Freund empfehlen würden.

Sofern Sie keine spezielle Kochbuchsammlung haben, sollten Sie sich auch von all den Kochbüchern trennen, die maximal drei für Sie interessante Rezepte beinhalten. Kopieren Sie diese Rezepte (sammeln Sie diese in Ihrem persönlichen Rezeptordner) und geben Sie das Buch weiter. Schon haben Sie wieder Platz für ein neues!

Die aussortierten Bücher müssen Sie aber natürlich nicht wegwerfen. Leseratten können im Internet Bücher (und auch CDs und DVDs) tauschen. In vielen Städten gibt es auch Bücherflohmärkte oder die Möglichkeit, Bücher an soziale Einrichtungen oder Bibliotheken zu spenden.

Der Schnell-Test – Was brauche ich wirklich?

Stellen Sie sich vor, sie müssten fliehen und hätten 20 Minuten Zeit, Ihr Auto zu packen.

❓ Welche zehn Dinge aus Ihrem Wohnzimmer würden Sie mitnehmen?

❓ Was würde sich leicht ersetzen lassen?

Es fällt Ihnen schwer, diese Frage zu beantworten? Können Sie sich nicht auf zehn Dinge beschränken? Dann stellen Sie sich bei jedem Gegenstand, der scheinbar unverzichtbar ist, doch einmal diese Fragen:

❓ Brauche ich es? Wenn ja: wofür?

❓ Ist es nützlich? Wenn ja: Wie oft nutze ich es tatsächlich?

❓ Hänge ich daran? Wenn ja: Macht es mich auch glücklich?

Wer sich mit dieser Frage beschäftigt, dem fällt es viel leichter, sich von den weniger wichtigen Dingen im Leben zu trennen. Natürlich müssen Sie sich in Ihrem Alltag nicht auf zehn Dinge begrenzen – in unserer konsumorientierten Welt ist es aber nützlich, sich immer wieder einmal vor Augen zu führen, wie viel wir eigentlich nicht brauchen.

Zehn Dinge aus meinem Wohnzimmer, die ich mitnehmen würde, wenn ich nur 20 Minuten Zeit hätte zu fliehen:

1.
2.
3.
4.
5.
6.
7.
8.
9.
10.

„Einfachheit ist das Resultat der Reife."

Friedrich Schiller

Klarheit und Leichtigkeit – Entrümpeln Sie Ihren Kopf!

Wie oft haben Sie in den letzten Tagen einen der folgenden Sätze im Kopf gehabt?

❗ Das ist doch noch gut!

❗ Das hat mal viel Geld gekostet!

❗ Das war doch ein Geschenk von ...

❗ Das kann ich bestimmt noch mal gebrauchen.

❗ Das passt bestimmt irgendwann wieder.

Hören Sie auf damit! Lösen Sie sich von der Vorstellung, Sie seien für alle Zeit der Hüter der Dinge. Befreien Sie sich von allem, was Sie nicht lieben oder was nicht nützlich ist. Wenn Sie sich von all diesen Gedanken und dem damit verbundenen Krempel befreien, werden Sie eine ungeahnte Energie freisetzen.

„Wenn alles seinen richtigen Platz in unserem Geist hat, können wir mit dem Rest der Welt im Einklang sein."

Henri Frédéric Amiel

In den vergangenen sechs Tagen haben Sie die Räume Ihrer Wohnung entrümpelt und in Ordnung gebracht. Schauen Sie doch einmal zurück und ziehen Sie Bilanz – wie fühlen Sie sich damit? Leichter? Freier? Dann haben Sie schon einen großen Schritt in Ihr neues, aufgeräumtes Leben gemacht. Doch nicht nur die Ordnung im Haus macht glücklich, auch die in unserem Kopf ist enorm wichtig. Nutzen Sie deshalb diesen siebten Tag zum Luftholen und Innehalten.

MORGENIMPULS: Nehmen Sie sich nach dem Aufstehen einige Momente Zeit und stellen Sie sich folgende Fragen:

- Wie geht es mir heute?
- Was will ich eigentlich im Leben?
- Über was oder wen ärgere ich mich?
- Wo oder bei wem fühle ich mich wohl?
- Welche Verpflichtungen erschöpfen mich?
- Bei welchen Aktivitäten habe ich wirklich Spaß?
- Was mache ich nur, um anderen zu gefallen?
- Wann habe ich das letzte Mal zu etwas Nein gesagt?
- Wann habe ich das letzte Mal etwas nur für mich gemacht?

Vielleicht fällt es Ihnen leichter, sich mit staubigen Ecken in Ihrer Wohnung zu beschäftigen, als einmal einen Tag nur an sich selbst, Ihre Gewohnheiten und Bedürfnisse zu denken. Ein gesunder Egoismus wird vielen Menschen schon in frühester Kindheit abtrainiert. Deshalb kann es wehtun, in diesem Bereich Ordnung zu schaffen. Sie sollten es aber aus Respekt vor sich selbst nicht vernachlässigen.

Checkliste – Lebensbereiche, die Sie heute sortieren möchten

- ⭕ Terminkalender (Was sind Pflichttermine? Welche können gestrichen werden?)

- ⭕ Erinnerungen (Briefe oder Geschenke von Menschen, die uns enttäuscht oder verletzt haben)

- ⭕ Adressbuch (Wer ist wirklich wichtig? Wer tut nicht gut?)

- ⭕ Portemonnaie (alte Karten, Quittungen und Notizen)

Entrümpeln Sie Ihre Gedanken

Was bewegt Sie im Moment? Woran denken Sie, wenn Sie abends nicht einschlafen können? Auch in unseren Gedanken gibt es Dinge, die überflüssig sind und die wir loslassen sollten, aber auch Dinge, die unsere Aufmerksamkeit verdienen. Nehmen Sie sich am Abend eine Stunde Zeit, um Ihre Gefühle, Gedanken und Konflikte an sich vorbeiziehen zu lassen Schreiben Sie auf, was Sie bewegt und beschäftigt – auch gute Ideen wollen notiert werden. Danach können Sie viel besser schlafen und müssen nicht die ganze Nacht daran denken. Und Probleme relativieren sich auch oft, nachdem wir darüber geschlafen haben.

Mein Aufräumtagebuch

Auf diese Aktivitäten könnte ich zukünftig verzichten, weil sie mir keinen Spaß machen:

Welche Verpflichtungen sind eigentlich nicht notwendig?

Von wem oder was möchte ich mich langfristig trennen?

Ich umgebe mich nur mit Dingen, die ich liebe oder die nützlich sind. Auch Menschen, die mir nicht guttun, verbanne ich aus meinem Leben.

Nachwort

Innerhalb von sieben Tagen bekommen Sie vielleicht nicht alles so ordentlich, wie Sie es gerne hätten, aber das Wichtigste haben Sie schon jetzt geschafft: den Anfang!

Ordnung ist nichts, was man einmal macht, und dann ist es getan. Ordnung ist ein stetiger Prozess und muss immer wieder aufs Neue praktiziert werden.

Was Sie nach den sieben Tagen vielleicht selbst schon gemerkt haben: Je weniger Dinge rumstehen, umso einfacher ist es nicht nur, alles zu sortieren und zu säubern, sondern auch, die neue Ordnung beizubehalten.

Je öfter Sie sortieren und ausmisten, desto übersichtlicher wird Ihr Heim, desto näher kommen Sie der Ordnung.

Je nachdem, wie groß Ihre Wohnung oder Ihr Haus ist und Ihr gesamtes Chaos war, sind nach den sieben Tagen bestimmt noch einige Räume oder Schränke zu ordnen und zu sortieren. Doch egal, ob im Kinderzimmer oder im Garten, es gelten dieselben Grundregeln wie in den restlichen Räumen:

- ❗ Alles sollte seinen Platz haben.

- ❗ Kaputtes sollte aussortiert werden.

- ❗ Herumliegendes sollte jeden Abend weggeräumt werden (um morgens nicht gleich wieder vom Chaos begrüßt zu werden).

Haben Sie gemerkt, an welchen Tagen oder zu welcher Uhrzeit Sie produktiv sind? Dann planen Sie weitere Aufräumaktionen in diesem Zeitraum ein und setzen Sie einen klaren Termin dafür fest. Gehen Sie bei jeder Schublade, jedem Schrank, jedem Raum nach demselben System vor:

ausräumen → sortieren → sauber machen → wieder einräumen.

Alle Dinge, die aussortiert werden und noch funktionieren, können verkauft, verschenkt oder gespendet werden. Alles, was defekt ist, sollte entsorgt werden. Tägliche Routine kann helfen, um sich auch in Zukunft nicht vom Krempel beherrschen zu lassen:

- Jeden Morgen das Bett machen.

- „Eins rein – eins raus"-Regel: Für jedes Teil, das in das Haus kommt, muss ein anderes Teil aussortiert werden.

- Jeden Tag fünf bis zehn Minuten einen beliebigen Bereich sortieren.

- Jeden Abend die Fußböden freiräumen.

- Jeden Abend die Küche aufräumen.

„Und plötzlich weißt du: Es ist Zeit, etwas Neues zu beginnen und dem Zauber des Anfangs zu vertrauen."

Meister Eckhart